Math challenger

**수학 영재들이 꼭 읽어야 할 천재 수학자 6**

수학의 힘으로 세상을 만나라 **오일러**

### 글 전다연

서강대학교에서 화학을 공부하고, 명지대학교 대학원에서 문예창작학을 공부했습니다. 아동문학연구 신인상, 눈높이아동문학상을 받았습니다. 지금은 대학교에서 학생들을 가르치며 글쓰기를 하고 있습니다.
《흰머리산 호랑이 회리바람》,《석기 시대 아이들》,《학교로 간 터줏대감》들에 글을 썼습니다.

### 그림 박문희

성신여자대학교에서 산업미술을 공부했습니다. 한국출판미술협회와 환의 회원으로 있으며, 프리랜서 일러스트레이터로 일하고 있습니다.
《때야 없어져라 뚝딱》,《울지 마 뽕이야》,《동화가 열리는 생각 나무》,《꼬불꼬불 구렁이 고개》,《달콤한 방귀》들에 그림을 그렸습니다.

### 감수 계영희

고신대학교 정보미디어학부 교수로 재직하고 있습니다. 한국수학교육학회 이사를 지냈으며, 한국수학사학회 부회장, 한국수리과학회 이사를 맡았습니다. 지금은 수학 교사들을 대상으로 한 강연 들을 통해 수학을 쉽고 재미있게 가르치는 일에 힘쓰고 있습니다.
《수학과 미술》,《수학을 빛낸 여성들》,《피아제와 반 힐레 실험에 근거한-우리 아이 수학 가르치기》,《수학과 문화》들에 글을 썼고,〈수학사랑〉에 '수학과 미술'이라는 주제로 일 년 동안 글을 연재했습니다.

수학 영재들이
꼭 읽어야 할 천재 수학자 6

수학의 힘으로 세상을 만나라
# 오일러

글 전다연 | 그림 박문희 | 감수 계영희

살림어린이

## 추천 글

 앞을 못 보게 된 뒤에도 수학 연구를 쉬지 않았던 오일러! 오일러에게 시각 장애는 큰 걸림돌이 아니었어요. 당시는 컴퓨터도 없고 전기도 없던 시절이었지만, 십 년 넘는 세월 동안 책과 논문을 활발하게 펴냈지요.
 목사 집안에서 태어난 오일러는 믿음이 아주 깊었어요. 오일러의 부모님은 오일러가 목사가 되길 바랐어요. 그러나 운명은 오일러를 수학자로 이끌었어요.
 한쪽 눈을 잃고, 다른 쪽 눈까지 잃었지만 오일러는 아주 꿋꿋했어요. 비록 시력은 잃었지만, 정신력은 어느 누구보다도 강했어요.
 오일러는 수학자들 가운데 가장 많이 책을 냈어요. 거의 대부분의 수학 분야에서 업적을 남겼지요. 그래서 수학 공식에는 오일러의 이름이 아주 많이 나와요.

2007년은 오일러가 태어난 지 삼백 년이 된 해였어요. 세계 여러 나라의 수학자들이 오일러를 기리는 학술 회의를 열고, 책을 출판했지요. 오랜 세월이 지났어도 오일러가 남긴 업적은 빛을 발하고 있어요.

18세기 위대한 수학자 오일러의 삶이 어린이 눈높이에 맞도록 출판된 것을 축하하면서 이 책을 추천해요.

2008년 6월

고신대학교 정보미디어학부 겸 유아교육과 교수

계영희

## 책을 읽기 전에

　두 눈이 보이지 않으면 얼마나 답답할까요? 수학 계산을 해야 하는 수학자라면 더욱 답답하겠지요. 그런데 오일러는 앞을 못 보게 된 뒤에도 연구를 계속했어요. 오일러가 아무리 머리가 뛰어나도 중간에 포기했다면 위대한 수학자가 될 수 없었을 거예요.
　오일러는 어려서부터 기억력과 계산력이 남달랐어요. 어른도 외우기 힘든 긴 시를 모두 외우고, 어려운 수학 계산도 척척 풀었지요. 오일러는 분명 보통 사람과 다른 천재였어요. 하지만 오일러가 수학을 좋아해 열심히 연구하고, 자신에게 닥친 시련을 극복해 나간 의지를 잊어서는 안 돼요.
　어린이 여러분도 크고 작은 곤란을 겪을 거예요. 때로는 금방 포기해 버리기도 하고요. 어려운 일이 닥칠 때마다 오일러의 삶을 기억하면 힘든 일도 작게 보이고, 거뜬히 해결할 수 있을 거예요.

2008년 6월
전다연

# 차례

대학교에 들어가다 — 8

러시아로 가다 — 22

아이들을 좋아하는 오일러 — 32

한쪽 눈을 잃다 — 40

베를린 생활 — 50

속 깊은 수학자 — 62

다시 찾은 러시아 — 74

더욱 빛을 발하는 천재성 — 88

거듭되는 시련 — 100

연구를 멈추다 — 110

▶ 수학사에 남긴 오일러의 업적 – 118
▶ 오일러 더 살펴보기 – 124

# 대학교에 들어가다

"어서 서둘러라. 늦겠다."

외출복을 잘 차려입은 아버지는 아까부터 문 앞에서 서성이고 있었습니다.

"네, 지금 나가요."

레온하르트 오일러는 숨을 몰아쉬며 아버지 옆으로 나섰습니다.

오늘은 오일러가 바젤 대학교에 있는 베르누이 교수에게 인사 드리러 가는 날이었습니다.

'베르누이 교수님은 어떤 분일까? 아주 무서운 분일까? 아니면 아버지처럼 자상하고 점잖은 분일까?'

덜거덕거리는 마차를 타고 가는 동안, 오일러는 처음 만나는 베르누이 교수를 상상해 보았습니다. 이제부터 대학생이 된다는 사실에 구름 위를 둥둥 떠다니는 기분이 들었습니다.

오일러는 열세 살이기 때문에 대학교에 들어가기는 일렀습니다.

아버지는 오일러에게 공부를 가르치며 오일러가 천재라는 것을 알아차렸습니다. 특히 기억력은 보통 사람은 절대 흉내 낼 수조차 없을 정도로 뛰어났습니다.

어느 추운 겨울날, 아버지는 벽난로 옆에서 로마의 시인 베르길리우스가 쓴 *〈아이네이스〉를 소리 내어 읽고 있었습니다. 오일러는 소파에 앉아 눈을

---

*아이네이스 고대 로마의 시인 베르길리우스가 쓴, 로마의 역사를 다룬 장편 시.

말똥말똥하게 뜨고 조용히 듣고 있었습니다. 아버지가 읽어 주는 〈아이네이스〉를 듣는 시간이 오일러는 참 좋았습니다. 자신이 마치 영웅이 되어 모험을 떠난 것 같았습니다.

문득 아버지가 화들짝 놀라며 책 읽기를 멈췄습니다.

"앗, 이런 이야기에 빠져 약속 시간에 늦겠는걸."

아버지는 허둥지둥 밖으로 나갔습니다. 오일러는 몹시 아쉬웠습니다. 하필 영웅이 결투를 벌이는 장면을 읽기 시작하려는 참이었습니다.

오일러는 아버지가 두고 간 책을 펼쳐서 읽기 시작했습니다.

저녁 무렵, 집에 돌아온 아버지는 부엌에서 들려오는 소리를 따라 걸음을 옮겼습니다. 자세히 들어 보니 오일러가 집안일을 하는 어머니에게 〈아이네이스〉를 들려주는 소리였습니다.

"아니, 저 녀석이 말도 없이 아버지의 책을 가져가다니······."

아버지는 자신이 아끼는 책을 다른 사람이 함부로 다루는 것을 싫어했습니다. 그래서 화가 잔뜩 나 부엌으로 들어서며 버럭 소리를 질렀습니다.

"레온하르트, 누가 감히 아버지 책을 건드리라고 했느냐!"

오일러는 눈이 동그래졌습니다. 그런데 아버지도 눈이 동그래졌습니다. 오일러의 손에는 아무 책도 들려 있지 않았습니다.

아버지는 놀란 목소리로 물었습니다.

"조금 전까지 분명 〈아이네이스〉를 읽고 있지 않았니?"

그러자 오일러는 방긋 웃으며 말했습니다.

"어머니께 〈아이네이스〉 이야기를 들려 드린 건 맞지만 읽은 건 아니에요. 이미 제 머릿속에 다 들어 있는걸요."

"뭐……."

아버지는 입이 딱 벌어졌습니다. 〈아이네이스〉는 무려 사백 쪽이 넘는 엄청난 분량이었습니다. 어른이라고 해도 외우려고 엄두를 내지 못했습니다.

이 일이 있은 뒤, 아버지는 오일러를 대학교에 보내기 위해 서둘렀습니다.

"너는 이 아비보다 훌륭한 목사가 될 거다. 어떤 순간에도 늘 내 말을 명심하고 믿음을 잃지 말아야 한다."

아버지는 백 번도 넘게 한 말을 또 했습니다. 오일러는 아버지의 말을 듣는 둥 마는 둥 고개를 끄덕였습니다.

아버지와 오일러를 태우고 달리던 마차가 드디어 멈춰 섰습니다.

베르누이 교수는 아버지와 오일러를 반갑게 맞아 주었습니다. 베르누이 교수는 오일러에게 깊은 관심을 보였습니다. 한눈에 보아도 오일러가 뛰어난 학자가 될 게 분명해 보였습니다.

"허허. 걱정하지 말게. 내가 보아하니 이 아이는 아주 잘 해낼 것 같으니 말일세."

오일러는 열세 살에 바젤 대학교의 학생이 되었습니다.

"너는 *기하학 시간만 되면 일 등으로 강의실에 오더라."

오일러와 친하게 지내는 다니엘이 괜히 시비를 걸며 다가왔습니다. 다니엘은 수학자를 많이 낸 베르누이 집안 사람이었습니다.

"다니엘, 괜한 소리 하지 말고 빨리 자리에 앉기나 해."

오일러는 오늘따라 기운이 없어 보였습니다.

"왜 그러니? 아버지가 수학 공부를 그만두라고 하셨니?"

오일러는 힘없이 고개를 주억였습니다.

"너처럼 수학을 좋아하고 잘하는 아이도 보기 힘든데 너희 아버지는 왜 꼭 목사가 되라고 하시는 걸까?"

---

＊**기하학** 도형, 공간 등의 성질을 연구하는 학문.

"나는 목사가 되는 게 싫지는 않아. 하지만 수학 공부를 계속할 수 없다고 생각하면 밥을 먹고 싶은 생각도 사라져."

오일러는 바젤 대학교에서 철학을 *전공하고 그 밖에도 여러 과목을 공부했습니다. 그런데 특히 수학에 가장 마음이 이끌렸습니다.

베르누이 교수는 오일러의 수학 공부를 도와주었습니다. 오일러는 일주일에 한 번씩 베르누이 교수를 찾아가 모르는 문제를 물어보기도 하고 여러 가르침을 받았습니다.

하루는 베르누이 교수가 풀리지 않는 문제로 골머리를 앓고 있었습니다. 다른 때와 달리 오일러가 안으로 들어갔는데, 베르누이 교수는 고개도 돌리지 않고 말했습니다.

"지금 그동안 불가능했던 문제가 풀리고 있네. 조금 앉아서 기다리게."

﹡**전공** 전문적으로 연구하는 어느 한 분야.

베르누이 교수는 연방 공책에 \*수식을 적어 나갔습니다.

오일러는 얌전히 의자에 앉아 베르누이 교수를 물끄러미 바라보았습니다.

조용한 가운데 사각사각 글씨 쓰는 소리만 들려왔습니다. 오일러가 침을 삼키는 소리마저 크게 들렸습니다.

"좋았어!"

베르누이 교수가 기쁘게 소리치며 환하게 웃었습니다. 아마도 애쓰던 수학 문제가 풀린 것 같았습니다.

베르누이 교수는 그제야 의자에 앉아 있는 오일러를 발견했습니다.

"이런, 내가 자네를 너무 오래 기다리게 했군. 미안하네. 오늘은 어디 할 차례지?"

베르누이 교수는 책을 뒤적였습니다.

---

\*수식 숫자나 문자를 계산 기호로 연결한 식.

"교수님, 오늘은 시간이 많이 지났으니 다음 시간에 오겠습니다."

베르누이 교수는 시계를 보고 깜짝 놀랐습니다. 벌써 두 시간이 훌쩍 지나간 뒤였습니다. 베르누이 교수는 오랜 시간 동안 조용히 기다려 준 제자가 기특했습니다.

"자네 이번에 \*석사 학위를 받게 되지. 올해로 나이가 몇인가?"

---

\***석사 학위** 대학원 과정을 마치고 연구 결과를 다룬 논문을 인정받은 사람에게 주는 자격.

"열일곱입니다."

"음, 훌륭해. 열다섯에 *학사 학위를 받고 이 년 만에 석사 학위를 따다니 정말 대단해."

베르누이 교수는 오일러의 수학적 재능을 가장 가까이에서 지켜보았습니다. 그래서 오일러의 재능을 누구보다도 잘 알고 있었습니다. 베르누이 교수도 오일러가 수학자가 되는 게 당연하다고 생각했습니다.

----

\***학사 학위** 대학의 학부 과정을 마친 사람에게 주는 자격.

"자네 정말 목사가 되려고 하는가?"

오일러는 한숨을 푹 내쉬었습니다.

"저도 좀 더 깊게 수학을 연구하고 싶어요. 그런데 어머니와 아버지 뜻을 거스를 수 없어요."

"그렇구나. 내가 나서서 너희 부모님을 설득해 보마."

베르누이 교수는 아버지를 찾아갔습니다. 아버지는 오일러가 목사가 될 것을 철썩같이 믿고 있었습니다. 그래서 마음을 돌리기 쉽지 않았습니다.

"수학 분야에서 오일러 같은 인재를 잃는다는 것은 커다란 손해일세. 오일러는 목사보다는 수학자가 제격이네. 분명 이름을 널리 알리는 위대한 수학자가 될 걸세."

잠자코 베르누이 교수의 말을 듣는 아버지의 표정이 어두웠습니다. 한참 만에 드디어 아버지가 입을 열었습니다.

"아들 녀석이 수학에 뛰어난 재능을 보인다면 그 길로 가게 해야겠지."

드디어 오일러가 수학 공부를 계속해도 좋다는 허락이 떨어졌습니다. 베르누이 교수와 다니엘은 자신의 일처럼 기뻐해 주었습니다. 가장 기뻐한 사람은 다름 아닌 오일러였습니다.

# 러시아로 가다

석사 학위를 받은 오일러는 프랑스 아카데미에서 공모한 상에 도전을 하기로 마음먹었습니다. 프랑스 아카데미에서 내는 문제는 아주 어렵기로 유명했습니다.

"오일러, 그 문제는 사람의 힘으로는 풀 수 없는 것일세."

"괜한 헛고생하지 말라고."

프랑스 아카데미에서 낸 문제는 배에 돛대를 다

는 가장 좋은 자리를 찾는 것이었습니다.

　문제를 푸는 일은 쉽지 않았습니다. 오일러는 끙끙대며 문제와 싸움을 벌였습니다.

　'반드시 이 문제를 풀겠어.'

　문제를 풀다가 막히면 오일러는 다시 이를 악물었습니다.

　"오일러, 너는 바다에 가 본 적도 없잖아. 그런데 어떻게 배에 돛대를 다는 가장 좋은 자리를 알 수 있다는 거야?"

　다니엘은 어이가 없다는 표정을 지었습니다.

　"네 말이 맞아. 나는 바다도 본 적이 없고, 또 돛을 단 배가 바다 위에 떠 있는 것도 본 적이 없어. 하지만 꼭 눈으로 봐야만 문제를 풀 수 있는 건 아니야. 머릿속으로 상상하고 수학적으로 계산하면 못할 일이 없다고 생각해."

　오일러는 눈을 반짝이며 말했습니다.

"네가 그렇게 생각한다면 꼭 상을 받아서 증명해 봐. 알았지?"

다니엘은 오일러를 격려해 주었습니다.

오일러는 드디어 배에 돛대를 다는 가장 좋은 자리를 수학적으로 계산해 냈습니다.

"그래, 이거였어."

오일러는 연구 결과를 깨끗하게 정리해 프랑스 아카데미로 보냈습니다. 이제 심사 위원들이 발표하는 평가를 기다리는 일만 남았습니다.

마침내 심사 결과가 발표되는 날이 되었습니다. 날씨가 유난히 좋고, 하늘은 높고 푸르렀습니다.

오일러는 두근거리는 마음으로 사무실 문을 두드렸습니다.

아무 대답이 없었습니다.

'아, 떨어졌나 보구나…….'

오일러는 잔뜩 실망한 채 터덜터덜 무거운 발걸음을 옮기기 시작했습니다. 그 순간 저쪽에서 다급하게 오일러를 부르는 목소리가 들렸습니다.

"기다리게! 기쁜 소식이 있네."

오일러는 얼른 몸을 돌렸습니다.

어느새 다가왔는지 베르누이 교수가 덥석 오일러의 손을 잡았습니다.

"축하하네. 자네 연구 논문이 이 등을 했다는군. 나이도 어린 자네가 대선배들을 물리치고 당당하게 프랑스 아카데미 상을 받다니……. 아주 훌륭하네."

오일러는 뛸 듯이 기뻤습니다. 주변에서도 오일러의 노력과 재능을 인정해 주었습니다. 오일러가 아직 어려서 이 등을 받았다는 말도 나왔습니다.

1720년대에 러시아 황제는 상트페테르부르크에 아카데미를 세웠습니다. 그리고 유럽에서 활동하는 유명한 학자들을 초청했습니다.

다니엘도 초청을 받았습니다.

"러시아로 올 준비를 하고 있어. 곧 러시아에서 초청이 올 테니까 말이야."

다니엘은 러시아로 떠나기 전날, 오일러에게 당부를 했습니다. 다니엘은 단짝인 오일러를 남겨 두고 떠나려니 발이 떨어지지 않았습니다.

다니엘은 상트페테르부르크 아카데미에서 수학과 학과장이 되었습니다. 그리고 오일러가 아카데미에 초청받을 수 있도록 노력을 기울였습니다.

드디어 오일러에게 러시아 황제의 이름으로 초대장이 날아들었습니다.

당신을 러시아 상트페테르부르크 아카데미에 초청합니다.

오일러는 다니엘이 있는 러시아 상트페테르부르크로 떠나기로 했습니다. 러시아로 가져갈 짐을 챙기고 있는데, 편지가 한 통 날아들었습니다.

어서 와라, 오일러.
네가 올 날을 얼마나 손꼽아 기다리고 있는지 아마 상상도 못할 거다. 네가 온다는 연락을 받고 기쁜 마음에 밖으로 나가 마구 소리 지르며 내달렸다. 모르는 사람이 봤다면 정신 나간 사람이라고 생각했을 거다.
네가 오는 시간에 맞춰 역으로 마중 나갈게.
빨리 그날이 왔으면 좋겠다.

- 다니엘이

다니엘이 얼마나 기뻐하는지 편지에 고스란히 담겨 있었습니다.

오일러는 들뜬 마음으로 길을 떠났습니다. 그런데 상트페테르부르크 역에서 내리는 순간, 오일러는 이상한 느낌이 들었습니다. 사람들이 슬픈 표정을 짓고 있었습니다.

"러시아 사람들은 원래 이런가?"

오일러는 작은 소리로 중얼거렸습니다.

그때 헐레벌떡 달려오는 다니엘이 보였습니다. 다니엘은 몹시 허둥거렸습니다.

"큰일 났어. 오늘 갑자기 황제께서 돌아가셨어."

"뭐, 황제께서?"

오일러는 몹시 당황했습니다. 오일러를 초청한 황제가 죽었다니 기가 막힐 노릇이었습니다.

"다음 황제는 누가 되는데?"

"아마 *서열대로 표트르 이세가 황제가 될 거라고 하더군."

다니엘은 걱정스러운 얼굴로 말을 이었습니다.

---

*서열 기준에 따른 순서.

"그런데 표트르 이세는 학문이나 예술에 별로 관심이 없다니, 앞으로 상트페테르부르크 아카데미에 뭔가 나쁜 일이 생길 것 같아."

오일러는 크게 실망했습니다.

"다니엘, 난 어떻게 되는 걸까?"

"너무 걱정하지 마. 하늘이 무너져도 솟아날 구멍은 있다고 하잖아, 안 그래?"

다니엘은 오일러를 향해 애써 밝게 웃어 보였습니다. 오일러도 그런 다니엘이 고마워 한껏 미소를 지어 보였습니다.

하지만 걱정했던 대로 오일러는 자리를 얻기가 쉽지 않았습니다. 표트르 이세는 왕실의 돈을 많이 쓴다는 이유로 아카데미를 없앨 궁리까지 할 정도였습니다.

다행히 한 해군 제독이 오일러를 초청했습니다. 그리하여 오일러는 러시아 해군에서 의학 장교로 연구 생활을 했습니다.

몸이 약했던 표트르 이세 황제는 몇 년 뒤 세상을 떠났습니다. 새 황제 안나 일세는 오일러를 불러 상트페테르부르크 아카데미에 와서 연구를 하라고 했습니다.

오일러는 아주 왕성하게 연구를 하고 새로운 수학 이론을 많이 발표했습니다.

"이번에 새로운 수학 논문을 발표한 사람이 상트페테르부르크 아카데미에 있는 사람이라던데 누군지 아나?"

"오호, 오일러를 말하나 보군. 정말 대단한 사람이지."

수학자들은 만났다 하면 오일러에 대해 수군거렸습니다. 오일러는 여러 차례 수학계를 떠들썩하게 만들었습니다.

# 아이들을 좋아하는 오일러

오일러와 다니엘은 아카데미에서 수학 연구를 하며 평화로운 나날을 보냈습니다. 그런데 다니엘은 러시아에서 사는 게 조금 힘겨웠습니다. 따뜻한 스위스에 비해 러시아는 너무 추웠습니다. 또 정치적으로도 아주 혼란스러웠습니다. 결국 다니엘은 러시아를 떠나기로 마음먹었습니다.

"오일러, 난 스위스 바젤로 돌아가겠어. 고향이 너무 그리워."

오일러는 몹시 섭섭했습니다. 그러나 다니엘의 뜻을 존중해 주었습니다.

"난 언제나 네 결정은 옳다고 봐. 함께 지낼 수 없다니, 아쉽구나."

그러자 다니엘은 밝은 목소리로 너스레를 떨었습니다.

"하하. 난 추운 러시아보다 아름다운 스위스로 돌아가고 싶어."

다니엘은 진작부터 고향으로 돌아가고 싶어 했습니다. 오일러는 많이 아쉬웠지만, 다니엘을 더는 붙잡을 수 없었습니다.

다니엘이 떠나고, 오일러는 다니엘이 맡아 하던 학과장 자리에 올랐습니다. 학과장으로 있으면서 오일러는 몸과 마음이 편안해졌습니다.

강가를 산책하던 오일러는 저물어 가는 붉은 해를 바라보며 생각에 잠겼습니다.

'나는 상트페테르부르크를 사랑해. 앞으로도 계속 이곳에서 살고 싶어."

오일러는 상트페테르부르크에서 살기로 마음먹고 결혼을 하기로 했습니다.

오일러는 예전부터 눈여겨보던 아가씨가 있었습니다. 아버지를 따라 러시아로 온 스위스 아가씨였습니다. 미소가 예쁘고 고향을 생각나게 하는 따뜻한 사람이었습니다.

햇빛이 찬란하게 빛나는 날, 오일러는 소박하지만 행복한 결혼식을 올렸습니다.

오일러는 시간이 나면 집안일도 잘 도와주는 자상한 남편이었습니다.

또 집 앞에 밭을 일구어 채소 가꾸기도 좋아했습니다. 하루가 달리 쑥쑥 자라는 채소를 보면 싱글싱글 웃음이 절로 피어났습니다.

"여보, 토마토 꽃이 피었어. 당근하고 감자도 무럭무럭 자라고 있고."

오일러는 밭에 물을 주며 아내에게 소리 높여 이야기했습니다.

"네, 알아요. 나도 봤어요. 토마토가 아주 싱싱하게 자랄 거 같아요."

아내도 밝은 목소리로 맞장구를 쳤습니다.

오일러는 아이들을 무척 좋아했습니다. 자식을 무려 열셋이나 두었습니다.

아이들은 아버지와 어울려 놀기를 좋아했습니다. 오일러가 거실에 놓인 커다란 책상에서 열심히 수학 문제를 풀고 있을 때면 아이들이 우르르 곁으로 몰려들었습니다.

"아버지, 옛날이야기 들려주세요."

셋째가 팔을 흔들었습니다.

"잠깐만 기다려라. 이 문제만 풀고 지난번 이야기에 이어서 들려줄게."

오일러는 목소리는 다정하지만, 눈은 책에서 떼지 않고 말했습니다.

"으, 으."

막 기어 다니기 시작한 아기가 이번에는 오일러의 다리를 붙들고 낑낑거렸습니다.

오일러는 아기를 번쩍 들어 무릎에 올렸습니다.

"아, 착하지. 금방 끝낼게. 조금만 기다려."

오일러는 아기 볼에 입을 맞추고는 다시 문제를 풀었습니다. 아이들은 기다리기 지루한지 둘레를 뛰어다니며 놀기 시작했습니다.

"애들아, 아버지 공부하시잖아. 좀 조용히 해라."

아이들이 쿵쾅거리자, 아내가 아이들을 야단쳤습니다. 아이들은 잠시 조용한 듯하더니 금세 쿠션을 던지며 놀았습니다.

"자, 날아간다. 받아."

"좋았어. 여기."

아이들은 이리 뛰고 저리 뛰고 난리 법석이었습니다. 그러나 오일러는 전혀 상관하지 않고, 문제 푸는 데 정신을 쏟았습니다.

"드디어 끝났다."

오일러는 아기를 머리 위로 높이 올리며 의자에서 일어났습니다.

"잘 참았다. 귀여운 아기, 까꿍."

그러자 아이들이 쪼르르 오일러 옆으로 몰려들었습니다.

"아버지, 옛날이야기 들려주세요. 빨리요."
"그러자. 이야기 듣는 위치로!"
오일러가 외치자, 아이들은 저마다 자리를 잡고 앉았습니다.

아이들이 모두 오일러를 빙그르 둘러싸고 앉았습니다. 그 모습을 보는 아내 얼굴에 저절로 웃음이 피어났습니다.

하지만 다른 사람들은 오일러를 신기하게 여겼습니다. 그럴 때면 오일러는 늘 같은 말을 했습니다.

"아이들의 웃음소리와 재잘거림이 음악 소리보다 듣기 좋답니다. 오히려 연구가 잘 되던데요."

사람들은 오일러의 말에 모두 어이없다는 듯이 웃음을 터뜨렸습니다.

# 한쪽 눈을 잃다

오일러가 살던 당시에는 온갖 질병과 전쟁으로 많은 아이들이 어린 나이에 안타깝게 목숨을 잃었습니다. 오일러도 사랑하는 아이들을 병으로 잃었습니다. 아이를 잃을 때마다 오일러의 슬픔은 이루 말할 수 없었습니다.

그러나 시련은 여기서 끝이 아니었습니다. 굳은 믿음과 열정으로 살아가는 오일러에게 시련은 무서운 파도처럼 몰려들었습니다.

오일러는 아카데미에서 집으로 돌아오는 길이 멀게만 느껴져 몇 번씩이나 걸음을 멈추고 쉬었습니다. 고된 연구로 몸이 몹시 지쳐 있었습니다.

집 둘레에 늘어선 자작나무를 보는 순간, 오일러는 마음이 놓였습니다.

"휴, 집이군."

오일러가 문을 열고 들어서자, 아내의 눈이 커졌습니다.

"당신 왜 그래요? 온통 식은땀으로 범벅이네요."

아내는 서둘러 오일러를 침대에 눕혔습니다.

오일러는 그날부터 앓기 시작했습니다. 식은땀을 줄줄 흘리며 헛소리까지 했습니다.

오일러는 의사의 진찰을 받았습니다.

"요즘 유행하는 열병인 것 같습니다."

"네? 그럼 목숨이 위험하다는 말인가요?"

아내는 다리까지 후들후들 떨렸습니다.

"글쎄요. 지금으로서는 뭐라고 말할 수 없습니다. 상태가 나쁘니 좀 더 지켜봐야 알겠습니다."

의사는 뚜렷한 답변을 내리지 않았습니다. 아내는 이제나저제나 기다려 보는 수밖에 없었습니다.

오일러는 며칠 동안 정신을 차리지 못한 채 높은 열에 시달렸습니다. 아내는 잠시도 자리를 뜨지 않고 옆에서 정성껏 간호했습니다.

시간이 지나자, 다행히 열이 내렸습니다. 오일러의 표정도 편안해 보였습니다. 아내는 조금 마음이 놓였습니다.

창밖으로 천천히 해가 떠오르고 있었습니다. 아내는 창가로 다가가 뜰 앞에 있는 자작나무를 바라보았습니다. 나뭇가지에서 새들이 포롱포롱 지저귀고 있었습니다.

그런데 심한 열병으로 오일러의 오른쪽 눈에 이상이 생겼습니다.

"오일러 씨, 무리하면 절대 안 됩니다. 언제 오른쪽 눈이 안 보일지 모르니까요. 알겠습니까?"

의사는 오일러에게 거듭 당부했습니다.

오일러는 의사의 말을 되새기며 무리하지 않으려 애썼습니다.

그런데 오일러에게 혼신의 노력을 기울여야 할 일이 생겼습니다. 아카데미로부터 빠른 기간 안에 해결해 달라는 문제를 부탁받았습니다. 여러 달 동안 다른 학자들에게 해결해 달라고 부탁했지만, 아무도 풀지 못한 문제였습니다.

"반드시 이 문제를 풀고 말 테다."

오일러는 결심을 단단히 다졌습니다. 그러고는 밥 먹는 것도 잊고 밤을 새워 가며 문제에 매달렸습니다.

드디어 사흘 만에 계산을 끝냈습니다.

다른 수학자들은 문제를 푸는 데 몇 달은 족히 걸

릴 일을 오일러가 단 사흘 만에 끝내자, 사람들은 크게 놀라며 혀를 내둘렀습니다.

"이렇게 빨리 해결하다니 대단한 사람이야."

그러나 오일러에게는 불행이 찾아왔습니다. 다시 심한 열병으로 앓아눕고 말았습니다.

"몸을 생각하며 연구해야지요. 전에 의사 선생님이 했던 말 잊었어요?"

아내는 울음을 삼키며 슬퍼했습니다.

오일러는 연구를 시작하면 몸을 돌보지 않고 일에 빠져 들었습니다. 다른 사람들에게는 너그럽고 따뜻한 사람이었지만, 자신과 자신이 해야 하는 일에 대해서는 무섭도록 엄격했습니다.

오일러를 진찰하고는 의사가 아내에게 버럭 화를 냈습니다.

"사람이 저 지경이 되도록 놔두면 어떻게 합니까? 무슨 방법을 써서라도 말렸어야지요."

"일단 연구를 시작하면 아무리 말려도 소용이 없었어요."

아내는 얼굴을 찌푸리며 말했습니다.

"아무래도 오른쪽 눈은 낫기 어렵겠습니다."

"네, 그게 무슨 말씀이세요?"

"앞으로 오른쪽 눈은 보이지 않을 겁니다."

아내는 그 자리에 주저앉고 말았습니다. 오일러는 젊디 젊은 서른한 살이었습니다.

오일러는 시간이 지나면서 열이 내리고, 편안하게 잠이 들었습니다. 그러나 오일러를 지켜보는 아내는 마음이 한없이 무거웠습니다.

며칠 뒤, 자리에서 일어난 오일러는 거울 앞에서 걸음을 멈추었습니다. 거울에 비친 얼굴은 병으로 바짝 야위고, 오른쪽 눈은 찌그러져 있었습니다.

오일러는 자신의 얼굴을 가만히 보고 있다가 중얼거렸습니다.

"그래도 옆모습은 제법 잘생겼는걸."

한쪽 눈이 안 보이게 되었지만, 오일러는 슬퍼하거나 화내지 않았습니다. 오히려 밝은 목소리로 사람들을 대했습니다.

"한쪽 눈으로 보니까 모든 것이 더 또렷이 보입니다."

오일러는 변함없이 밝고 따뜻했습니다. 한쪽 눈으로 보는 생활도 점차 몸에 배었습니다.

얼마 뒤 아카데미에 있는 교수들 모두 \*초상화를 그리게 되었습니다.

사람들은 오일러가 초상화 그리기를 꺼려 할 거라고 지레 짐작했습니다.

사람들은 오일러에게 뭐라고 말해야 하나 서로 미루었습니다. 제아무리 성격이 좋은 오일러라고 하더라도 초상화를 그린다고 하면 화를 낼 것 같았습니다.

---

\***초상화** 사람 얼굴을 중심으로 그린 그림.

그런데 어떻게 알았는지 오일러가 먼저 말을 꺼냈습니다.

"초상화를 그린다고요? 내일이 수학과 차례라면서요. 내 차례가 되면 알려 주십시오."

오일러는 그 일을 아무렇지도 않게 받아들였습니다. 오일러의 자연스러운 태도를 보고, 걱정했던 동료 교수들이 무안해졌습니다.

드디어 오일러 차례가 되었습니다. 오일러는 화가 앞에 놓여 있는 의자에 앉았습니다.

"난 옆얼굴이 잘생겼으니 옆모습을 그려 주시오."

그러자 화가가 사람 좋은 웃음을 띠었습니다.

"네. 정말 옆얼굴이 잘생기셨습니다."

오일러는 웃으며 자세를 고쳐 앉았습니다.

화가는 오일러의 옆모습 초상화를 아주 정성스럽게 그렸습니다.

# 베를린 생활

오일러는 바쁜 하루하루를 보냈습니다. 풀리지 않던 수학 문제들을 풀어 세상을 깜짝 놀라게도 하고, 연구한 결과를 논문으로 발표했습니다. 오일러가 논문을 발표하는 수학 잡지에 오일러에 대한 기사가 절반 넘게 자리를 차지하기도 했습니다.

오일러가 러시아에서 지낸 지 벌써 십 년도 훌쩍 넘었습니다. 바쁜 가운데에도 자식들에게 자상한 모습은 변함이 없었습니다.

그런데 러시아는 연구하기에는 좋은 환경이었지만, 살기에 좋은 곳은 아니었습니다. 황제를 반대하는 사람들이 소리 소문 없이 목숨을 잃었습니다. 그런데 황제가 갑자기 세상을 떠나게 되어 러시아는 더욱 혼란에 빠졌습니다.

오일러는 러시아 사람들의 존경을 받기는 했지만, 외국 사람이었습니다. 언제 어디서 위험이 닥칠지 알 수 없었습니다. 결국 오일러는 러시아를 떠나기로 마음먹었습니다.

오일러는 그전부터 \*프로이센의 프리드리히 대왕에게 초청을 받고 있었습니다. 프리드리히 대왕은 베를린 아카데미에서 연구할 학자들을 불러 모으는 중이었습니다.

"여보, 러시아를 그만 떠나야겠소. 베를린 아카데미에서 초청장이 왔는데, 거기로 갑시다."

"네. 어쩔 수 없지요. 이사 준비를 서두를게요."

---

\*프로이센 독일 북동부에 있던 지방. 1701년에 프로이센 왕국이 세워졌으나 제2차 세계 대전 후 다른 나라에 점령되고 이름도 없어짐.

아내는 오일러의 뜻을 따랐습니다. 먼 길을 떠나야 했기에 준비를 철저히 했습니다.

이사하는 날에도 추운 바람이 불었습니다. 오일러네 식구들은 옷을 단단히 여몄습니다. 가족들 모두 마차에 올라타자, 마차가 천천히 구르기 시작했습니다. 그동안 살던 정든 집이 눈앞에서 점점 멀어졌습니다.

러시아 국경을 지나고, 시간이 지날수록 색다른 풍경이 눈에 들어왔습니다.

드디어 베를린에 닿았습니다.
새로운 생활이 기다리고 있었습니다.

오일러는 베를린 아카데미를 둘러보고, 학자들은 만났습니다. 학자들은 오일러를 반갑게 맞아 주었습니다.

"이곳에서도 내가 할 일이 아주 많군. 좋았어."

오일러는 관측소장, 식물원장과 같은 여러 자리를 맡았습니다. 또 지도와 달력을 만드는 일도 맡아 보았습니다. 그런 가운데에도 수학 연구는 누구보다도 부지런히 했습니다.

그런데 오일러는 프리드리히 대왕과 성격이 잘 맞지 않았습니다.

프리드리히 대왕은 문학과 예술에 관심이 많았습니다. 특히 시인 볼테르와 가까이 지냈습니다.

"볼테르, 내가 쓴 시를 읽을 테니 들어 보게."

프리드리히 대왕은 멋지게 시를 읽어 나갔습니다. 잠시 눈을 감고 생각에 잠겼던 볼테르는 기쁜 얼굴로 말했습니다.

"폐하, 아주 훌륭하십니다. 전에 들려주신 어떤 시보다 훨씬 리듬감이 있고 아름답습니다."

"아, 그런가."

프리드리히 대왕은 생각도 비슷하고 자신이 쓴 글을 아낌없이 칭찬해 주는 볼테르를 더욱 가까이 두었습니다.

그런데 오일러는 볼테르와 사이가 안 좋았습니다. 볼테르는 종교를 부정적으로 생각하는데 오일러는 믿음이 강한 기독교 신자였습니다.

그러던 어느 날, 동료가 밤늦게 오일러 집으로 찾아왔습니다. 오일러는 거실에서 차를 마시던 참이었습니다.

"어서 오게. 이 시간에 자네가 우리 집에 어쩐 일인가?"

오일러는 반갑게 맞았지만, 동료의 얼굴에는 근심이 가득했습니다.

"오일러, 자네 이번에 종교가 꼭 필요하다는 글을 발표했더군. 지난번에 말하지 않았나. 자네는 수학 논문만 쓰고, 종교에 대해서는 글을 쓰지 말라고 말이야."

동료의 목소리는 날카로웠습니다.

"난 수학자인 동시에 어떤 글도 자유롭게 써서 발표할 수 있는 시민이네. 왜 내가 글을 쓰는 것을 간섭받아야 한단 말인가?"

오일러도 지지 않고 팽팽하게 맞섰습니다.

"그걸 몰라서 묻나? 프리드리히 대왕도 종교를 안 좋게 생각하네. 또 프리드리히 대왕과 가깝게 지내는 볼테르와 맞서서 자네에게 득이 될 게 무엇이 있다고 이러는 건가?"

동료는 오일러를 위해 마음에서 우러나오는 충고를 했습니다. 그러나 오일러는 조금도 마음을 바꾸려 하지 않았습니다.

"난 언제나 내가 옳다고 믿는 대로 행동하네. 그것이 왕의 생각과 다르다 하여 바꿀 생각은 없단 말일세."

프리드리히 대왕과 오일러는 성격도 많이 달랐습니다. 오일러는 책을 읽고 연구하는 것을 좋아하는 성격이었지만, 프리드리히 대왕은 음악을 좋아하고 사람들과 어울려 문학과 연극에 대해 이야기하기를 즐겼습니다.

하루는 궁전에서 연극 공연이 한창이었습니다. 프리드리히 대왕은 볼테르를 비롯해 몇몇 사람들과 같이 공연을 보고 있었습니다.

연극은 사자 몸뚱이에 날개가 달린 *스핑크스가 테베를 떠나는 *오이디푸스에게 수수께끼를 내는 장면이었습니다.

"목소리는 하나인데 다리는 넷이었다가, 둘이었다가, 셋이 되는 생물이 무엇이냐?"

그러자 오이디푸스를 맡은 배우가 시시해하는 표정으로 대답했습니다.

"그건 사람이다. 어릴 때는 네 발로 기고, 자라서는 두 발로 걸으며, 늙으면 지팡이를 짚으니까."

그 말에 스핑크스를 맡은 배우가 부끄러워하며 죽는 연기를 했습니다.

프리드리히 대왕은 큰 소리로 웃다가 뒤에 앉아 있는 오일러를 발견했습니다.

---

*스핑크스 그리스 신화에 나오는 괴물.
*오이디푸스 그리스 신화에 나오는 인물.

"하하, 오일러. 당신은 이 장면이 우습지 않은가 보군. 그렇게 얼굴을 찌푸리고 있으니 말이오."

오일러는 *운하 건설에 대한 보고를 하기 위해 기다리고 있는 중이었습니다. 말없이 의자에 앉아 서류를 만지작거리며 다른 생각을 하고 있었으니 연극 내용이 귀에 들어올 리 없었습니다.

"네? 폐하……."

오일러는 무척 당황했습니다. 사람들이 모두 오일러를 쳐다보았습니다.

"오일러는 수학을 빼면 재미도 없고, 말솜씨도 없고 아주 하품 나는 사람이지."

그러고는 무시하는 목소리로 덧붙였습니다.

"오일러는 수학의 사이클롭스야. 그렇지 않은가?"

사이클롭스는 그리스 신화에 나오는 외눈박이 거인이었습니다. 오일러가 수학에서 뛰어난 거인이

---

*운하 배가 지나가도록 육지에 파 놓은 물길.

라는 말이었지만, 실제로 한쪽 눈이 보이지 않는 오일러에게는 매우 듣기 거북한 말이었습니다.

프리드리히 대왕의 말에 사람들이 한꺼번에 웃음을 터뜨렸습니다.

프리드리히 대왕이 오일러를 무시하는 것은 이 정도로 그치지 않았습니다.

베를린 아카데미 원장을 맡았던 학자가 세상을 떠났습니다. 아카데미 원장으로 가장 유력한 후보는 오일러였습니다. 그러나 프리드리히 대왕은 오일러를 무시하며 원장으로 임명하길 꺼렸습니다.

"오일러는 원장으로 알맞지 않아. 수학만 잘한다고 해서 원장이 되는 것은 아니야. 아카데미의 원장으로 적당한 사람에게 초청장을 보냈다."

프리드리히 대왕은 사람들에게 자신의 뜻을 알렸습니다.

베를린 아카데미 학자들은 여러 파로 나뉘어 있

었습니다. 그러므로 오일러가 원장이 되지 않은 것을 기뻐하는 사람들도 많았습니다.
 학문을 연구하는 일 말고 학자들 사이에서 벌어지는 다툼은 오일러를 아주 힘들게 했습니다. 그럴수록 오일러는 더욱 연구에 힘을 쏟았습니다.

# 속 깊은 수학자

오일러의 연구실에 밤늦도록 불이 밝혀져 있었습니다. 복도를 지나가던 제자가 연구실 문을 두드렸습니다.

"교수님, 아직도 댁에 안 가셨어요?"

"음, 지난번부터 생각하던 수학 문제가 풀릴 듯 말 듯해서 계속 붙들고 있게 되는군."

오일러는 피곤한 듯 크게 기지개를 켰습니다.

"이러다 큰일 나십니다. 어서 댁에 가서 쉬세요."

제자는 서둘러 외투를 들고 오일러를 연구실 밖으로 끌었습니다.

오일러는 길을 가면서도 문득 골똘히 생각에 잠기곤 했습니다.

그러던 어느 날이었습니다. 침대에 누워 있던 오일러가 자리에서 벌떡 일어났습니다.

"맞다, 그거야."

오일러는 서둘러 외출 준비를 하고, 연구실로 향했습니다. 그동안 고민했던 문제의 실마리를 찾은 듯했습니다.

책상에 앉은 오일러는 새롭게 발견한 해결 방법을 정리해 나갔습니다.

"간단한 방법인데 찾아내기가 왜 이렇게 어려웠을까?"

오일러는 가슴에 놓여 있던 커다란 바위 덩어리가 사라진 것처럼 홀가분했습니다.

오일러는 자신이 푼 문제를 여러 날에 걸쳐 깨끗하게 정리했습니다. 정리한 내용은 책으로 펴낼 생각이었습니다.

"마지막으로 살펴볼 테니 정리를 마친 원고를 책상 위에 올려놓게."

"예, 알겠습니다."

제자는 환하게 웃었습니다.

그날 오후, 오일러에게 묵직한 원고 뭉치가 배달되었습니다. 한 청년 수학자가 보낸 것이었습니다.

"아니, 이럴 수가!"

오일러는 보내온 원고를 읽으면서 깜짝 놀랐습니다. 자신이 최근에 발견한 문제 해결 방법과 같은 내용이 알아보기 쉽게 정리되어 있었습니다.

오일러는 잠시 할 말을 잃었습니다. 그러자 제자가 이상히 여기며 물었습니다.

"교수님, 왜 그러세요?"

"자네도 이걸 읽어 보게."

제자는 서둘러 종이를 넘기며 읽어 나갔습니다.

"이건 교수님께서 푼 문제와 똑같은 것이네요."

제자도 깜짝 놀랐습니다.

오일러는 가만히 창밖을 내다보며 물었습니다.

"그 청년의 이름이 무엇이라고 했나?"

"라그랑주입니다."

"나이는?"

"스물세 살입니다."

"젊은 친구가 훌륭하군."

오일러는 이번 일을 통해 자신의 옛 모습을 돌아보게 되었습니다.

배에 돛을 다는 가장 좋은 자리를 고민하다가 해결되었을 때 얼마나 기뻤는지 생각했습니다. 그리고 프랑스 아카데미에 논문을 보내 놓고 상을 받을 수 있을까 기다리던 날들도 떠올랐습니다. 그때 이

 등으로 상을 받았을 때의 기쁨이란 말로 다 할 수 없었습니다. 그것은 자신이 수학자로 살아가는 데 큰 힘이 되었습니다.
 오일러는 젊은 청년의 앞길을 열어 주기로 마음먹고, 라그랑주에게 편지를 썼습니다.


  그대의 문제 해결 방법은 아주 훌륭합니다. 내가 오랜 시간 고민하다 최근에야 해결 방법을 찾아낸 문제를 젊은 사람이 명쾌하게 해결하다니 칭찬하고 싶습니다.

오늘 내가 찾아낸 해결 방법을 출판사에 보내려고 하다가 나중에 보내기로 했습니다.

이는 수학자 라그랑주에게 거는 기대가 크기 때문이며, 그것이 선배로서 마땅한 선택이라고 생각하기 때문입니다.

앞으로 더욱 훌륭한 수학자가 되길 진심으로 기대하겠습니다.

- 오일러가

오일러의 이런 행동은 금세 사방으로 퍼져 나갔습니다.

"오일러, 이야기 들었네. 어려운 결정을 했더군."
동료가 다정한 눈으로 쳐다보며 말했습니다.

"나는 수학 지식으로 누구를 놀라게 하기보다 청

년들을 가르치는 일이 더 즐겁다네. 아니, 자네는 그동안 내가 얼마나 훌륭한 스승인지 몰랐단 말인가?"

오일러는 어깨까지 으쓱하며 유쾌하게 너스레를 떨었습니다.

라그랑주는 훗날 베를린 아카데미의 초청을 받았습니다. 그리고 이름을 날린 수학자 가운데 한 사람이 되었습니다.

따뜻하고 다정했던 오일러는 많은 사람들이 쉽게 수학을 배울 수 있도록 돕고 싶었습니다. 그래서 지금까지 나와 있는 수학 이론을 정리하여 누구나 쉽게 이해할 수 있도록《무한 해석 개론》이라는 책을 냈습니다.

《무한 해석 개론》에서 오일러는 알기 쉽게 수학 기호를 정리하여 풀어 썼습니다. 어떤 수학자들은 오일러를 흉보기도 했습니다.

"아니, 수학자가 이런 쉬운 책이나 쓰다니 부끄러운 줄 알아야지."

"그러게 말이야. 수학자라면 새로운 문제들을 해결해서 발표해야지, 예전에 나온 이론들로 책이나 만든담."

오일러는 자신을 헐뜯는 말에는 전혀 신경 쓰지 않았습니다. 많은 사람들에게 수학을 가르치기 위해 꼭 필요한 일을 했다고 생각했습니다.

오일러의 생각에 맞장구를 치듯 많은 사람들이 오일러가 쓴 책을 찾았습니다.

"《무한 해석 개론》을 보면 지금까지 나온 다른 책은 안 봐도 된다니까."

"맞아, 수학 이론들을 이 한 권으로 모두 배울 수 있어서 좋아."

오일러는 사람들이 자신의 책을 읽으며 도움을 받는 게 뿌듯했습니다. 오일러는 다른 책들도 쉽게 쓰려고 노력했는데 이런 점은 오일러가 유명해지는 데 한몫했습니다.

오일러를 유명하게 만든 문제 가운데 하나는 *한붓그리기였습니다. 베를린에서 조금 떨어진 쾨니히스베르크에는 다리가 일곱 개 놓인 강이 있었습니다. 다리들은 두 섬과 강 양쪽을 이으며 네 곳을 연결하고 있었습니다.

사람들은 강가에 늘어선 가게에 앉아 차를 마시면서 심심풀이로 다리 건너는 방법에 대해 이야기하기를 좋아했습니다. 그러다 보니 제법 깊이 연구하는 학자들도 생겼습니다.

"강에 있는 다리를 모두 한 번씩만 건너는 것이 가능합니다."

"그럼 어디 증명을 해 보시오."

"내가 설명을 한다 해도 어려운 수학 이론이 나오는데 이해할 수나 있겠소."

──────────────────────────────

*한붓그리기 도형을 그릴 때 붓을 한 번도 떼지 않고 다 그리는 일.

"쳇, 못하겠다고 할 것이지. 왜 수학 이론을 들먹인담."

사람들은 저마다 목소리를 높이고 있었습니다. 지금까지 많은 사람들이 풀려고 노력했지만, 아직 해답을 찾은 사람은 없었습니다.

마침 그 앞을 오일러가 지나가고 있었습니다.

"옳지, 저기 수학자 오일러가 가고 있으니 물어봅시다."

"지금껏 여러 사람이 도전했지만, 아직 풀지 못한 문제를 오일러라고 풀 수 있을까요?"

사람들은 별로 기대하지도 않았습니다. 그러면서도 오일러에게 궁금해하던 문제에 대해 이야기를 했습니다. 조용히 듣고 있던 오일러는 잠시 생각에 잠기더니 자신 있게 대답했습니다.

"그건 불가능합니다."

"불가능하다고요. 어째서 그렇소?"

오일러는 주머니에서 작은 종이를 꺼내 펜으로 그림을 그렸습니다.

"다리 일곱 개를 선으로, 두 섬과 강 양쪽을 A, B, C, D라는 네 점으로 생각해 보시오."

사람들은 오일러의 손을 보며 열심히 귀를 기울였습니다.

"A에서는 선이 다섯 개 나오고, B에서는 선이 세 개 나와 있소. 이처럼 선이 홀수 개로 나와 있는 점을 홀수 점, 선이 짝수 개로 나와 있는 점을 짝수 점이라고 하오. 그런데 어떤 도형이든지 한 번에 그리려면 홀수 점이 한 개도 없거나 두 개여야 하오. 그런데 A,

B, C, D가 모두 홀수 점으로 홀수 점이 네 개나 되기 때문에 절대로 이 다리들을 한 번씩만 오가며 건널 수 없다는 결론이 나오는 것이오."

오일러는 이 문제가 한붓그리기 문제와 똑같다는 것을 밝혀 냈습니다.

사람들은 고개를 끄덕였습니다. 그런데 문제가 풀린 것을 기뻐하면서도 답이 '불가능'인 것은 섭섭하게 여겼습니다.

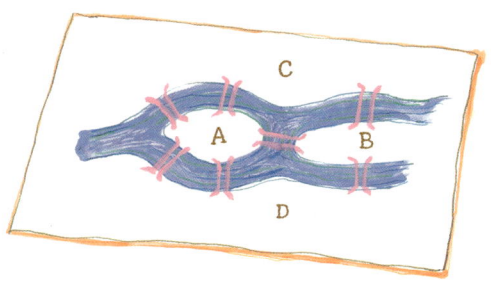

# 다시 찾은 러시아

오일러는 베를린에 있으면서도 계속 상트페테르부르크 아카데미와 연락을 하고 지냈습니다. 학자들의 집을 방문하기도 하고, 학생들을 만나기도 했습니다. 또 논문을 써서 상트페테르부르크 잡지사에 보냈습니다.

오일러가 베를린에 온 지 십 년이 조금 넘은 해에 전쟁이 일어났습니다. 프로이센이 오스트리아를 공격했는데 러시아가 오스트리아 편을 들었습니다. 프로이센과 러시아는 서로 적이 되어 전투를 벌였습니다.

나라와 나라 사이의 갈등은 걷잡을 수 없이 커졌습니다. 마침내 오일러가 살고 있는 곳에도 전투가 벌어졌습니다.

러시아 황제는 이름 높은 수학자 오일러가 살고 있는 베를린을 공격하는 것이 안타까웠습니다. 그래서 믿을 만한 신하 둘을 따로 불렀습니다.

"두 사람은 잘 들어라. 너희는 서둘러 수학자 오일러가 살고 있는 마을로 가서 그의 집을 보호하도록 하라."

하지만 전투가 벌어져 목숨이 왔다 갔다 하는 위험한 상황이었습니다. 비처럼 쏟아지는 포탄 속에서 오일러의 집을 보호하기란 불가능했습니다. 황제의 배려에도 오일러의 집이 포탄에 불타 버리고 말았습니다.

그 소식은 곧바로 황제의 귀에 전해졌습니다.

"수학자 오일러의 집이 해를 입었단 말이냐. 빨리 황금을 보내어 집을 다시 짓도록 하라."

황제는 서둘러 돈을 보내 오일러가 살 집을 지어 주었습니다.

한번은 러시아 군이 베를린에 있는 농장을 점령했습니다. 그런데 알고 보니 농장의 주인이 오일러였습니다. 러시아 군 대장은 화들짝 놀라 그동안 입힌 손해를 갚아 주었습니다.

그 소식을 전해 들은 러시아 황제는 오일러에게 미안한 마음을 전하려고 재물을 보내 주었습니다.

전쟁은 끝이 나고, 러시아의 혼란도 어느덧 수그러들었습니다. 러시아 황제는 다시 상트페테르부르크 아카데미에 학자들을 불러들였습니다. 당연히 오일러도 러시아로 다시 와 달라는 초청을 받았습니다.

오일러는 망설였습니다. 그러나 베를린 아카데미 학자들과 별로 사이가 좋지 않았던 오일러는 러시아가 그립기도 했습니다.

"지금 베를린 아카데미에 오일러 당신이 없으면 안 되오. 나는 결코 허락할 수 없소."

프리드리히 대왕은 오일러가 계속 베를린에 머물기를 바랐습니다. 하지만 오일러는 마음을 굳혔습니다. 처음에는 강하게 반대하던 프리드리히 대왕도 결국 마음을 바꾸게 되었습니다.

오일러는 이십오 년 만에 다시 러시아 상트페테르부르크로 갔습니다. 아름다운 네바 강과 우거진 자작나무 숲이 반갑게 오일러를 맞이했습니다.

오일러가 러시아로 온다고 하자 러시아 황제는 아주 기뻐했습니다. 상트페테르부르크에 온 가족이 머물 수 있는 좋은 집을 마련해 주었습니다.

오일러네 식구는 손자 손녀까지 더해 모두 열여덟 사람이나 되었습니다. 가족들은 마냥 기뻐했습니다. 오일러는 집뿐만 아니라 여러 가지로 극진한 환영을 받았습니다. 황제는 심지어 왕실 요리사를 오일러 집으로 보내기도 했습니다.

식탁 위에는 러시아 황제가 즐겨 먹는 좋은 음식들이 가득했습니다.

"이렇게 훌륭한 대접을 받다니 황제께 감사해야겠어요."

가족들은 모두 즐거워했습니다.

러시아 황제는 오일러가 연구에만 힘쓸 수 있도록 모든 지원을 아끼지 않았습니다.

오일러는 러시아에 있으면서 베를린의 프리드리히 대왕 조카에게 편지를 보냈습니다. 베를린 아카데미에 있을 때 오일러는 프리드리히 대왕의 조카를 가르쳤습니다.

"오일러, 내 조카딸이 과학을 공부하고 싶어 하니 당신이 도와주면 고맙겠소."

프리드리히 대왕의 부탁으로 오일러는 과학을 가르쳤습니다. 이제 멀리 떨어지게 되어 공부 내용을 편지에 적어 보냈습니다.

오일러는 어떻게 하면 과학을 쉽게 가르칠 수 있을지 곰곰이 생각하며 편지를 썼습니다.

과학 지식이 적은 사람을 가르쳐야 하니 더 많이 알아야 했고, 쉽게 풀어 써야 했습니다. 오일러는 빛, 소리, 철학, 천문학을 비롯해 산꼭대기는 왜 추운지, 달은 어떨 때 크게 보이는지 등을 알기 쉽게 풀어 썼습니다. 오일러가 하는 설명은 누구나 이해하기 쉬웠습니다.

오일러는 사 년 동안이나 프리드리히 대왕 조카에게 편지를 보냈습니다. 편지에 쓰인 내용들은 과학을 알지 못하는 사람들에게 큰 도움이 되기에 충분했습니다.

이 편지들은 나중에 《독일 왕녀에게 보낸 편지》라는 책으로 나왔습니다.

이 책은 독일어로 쓰여졌는데 여러 나라 말로 번역되어 다른 나라에 널리 알려졌습니다.

"그동안 과학 책들은 너무 어려워서 아무나 읽을 수 없었는데, 이 책은 누구나 이해할 수 있어."

"그러게 말이야. 이렇게 재미있는 내용을 이제라도 알게 되었으니 얼마나 고마운 노릇인가."

프리드리히 대왕의 조카처럼 과학을 잘 알지 못

하던 사람들은 이 책을 통해 지식을 쌓을 수 있었습니다.

 오일러는 상트페테르부르크 아카데미 생활에 만족하면서 하루하루를 보냈습니다.

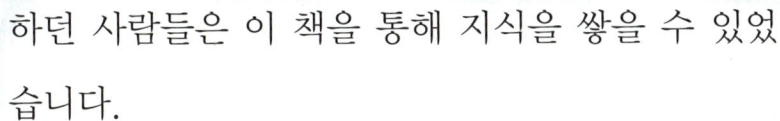

오일러는 책과 논문을 부지런히 펴냈습니다.

그러던 어느 날, 황제가 오일러를 조용히 불러 말했습니다.

"오일러, 당신의 도움이 필요하오."

"도움이라고요?"

"그렇소. 디드로는 신을 믿지 않는 *무신론을 주장하는 사람이오. 나는 사람들이 디드로의 영향을 받을까 봐 몹시 두렵소. 그러니 나를 꼭 도와주시오."

디드로는 프랑스의 유명한 철학자였습니다. 디드로는 풍부한 지식과 빼어난 말솜씨로 사람들에게 아주 인기가 높았습니다. 하지만 디드로는 신이 없다고 주장하는 무신론자였습니다. 사람들 사이에서 디드로의 인기가 높아지자, 황제는 무슨 수를 써야겠다고 생각했습니다.

황제는 디드로를 불러들였습니다.

*무신론 우주를 창조하고 지배하는 신이 있다는 유신론에 반대되는 이론으로, 신이 없다고 주장하는 이론.

"신이 존재한다는 것을 증명할 수 있는 수학자가 있는데 그와 *논쟁을 벌여 볼 자신이 있소?"

황제는 디드로를 함정에 빠뜨릴 궁리를 다 해 놓고 꼬드겼습니다. 디드로는 무척 난처했습니다. 수학자와 논쟁이라니 조금 걱정이 들었습니다. 디드로가 쩔쩔매는 사이 황제가 큰 소리로 발표를 했습니다.

"디드로가 논쟁을 벌이겠다고 하였다. 귀족들에게 알려 모이도록 하여라."

그날따라 많은 사람들이 모여들었습니다. 신이 존재한다는 것을 증명할 수 있는 수학자와의 논쟁을 벌인다니 사람들은 호기심이 일었습니다.

황제가 말한 수학자는 다름 아닌 오일러였습니다. 어릴 때부터 믿음이 깊었던 오일러는 황제의 계획에 기꺼이 힘을 보탰습니다. 오일러는 어려운 수학 공식을 아주 길게 늘어놓았습니다.

*논쟁 생각이 다른 사람이 서로 주장을 내세우며 말 또는 글로 다투는 일.

"자, 수학 공식을 통해 신의 존재를 증명했소. 여기에 대해 답해 보시오."

디드로는 무엇이라 말해야 할지 몰라 우물쭈물거렸습니다.

그 모습을 지켜보던 사람들이 한꺼번에 웃음을 터뜨렸습니다.

"디드로, 어찌 가만히 있소. 어서 대답을 해야 할 것이 아니오."

"입이 붙어 버렸나? 왜 가만히 있을까?"

여기저기서 비아냥거리는 소리가 흘러나왔습니다. 디드로는 자신을 웃음거리로 만든 토론장을 서둘러 나가 버렸습니다. 그리고 얼마 뒤 프랑스로 돌아갔습니다.

그런데 오일러에게 엄청난 불행이 다가오고 있었습니다. 한참 동안 책을 읽고 있던 오일러는 눈앞이 희부옇게 흐려졌습니다.

"앗, 왜 이러지?"

오일러는 눈을 꼭 감았다 뜨기를 되풀이했습니다. 그런 증상은 날이 갈수록 자주 나타났습니다.

오일러는 의사의 진찰을 받았습니다.

"혹시 왼쪽 눈도 못 보게 되는 겁니까?"

의사는 얼굴빛이 어두워졌습니다.

"왼쪽 눈마저 잃게 되다니……."

얼마 뒤, 오일러는 아들을 연구실로 불렀습니다.

"네가 좀 도와줘야겠다."

오일러는 하얀 종이를 꺼내 놓으며 말했습니다. 그리고는 기다란 천을 꺼내 두 눈을 가리고, 더듬더듬 종이와 펜을 집어 들었습니다.

"난 오늘부터 몇 달 뒤 찾아올 암흑 세계와 맞서 싸우는 연습을 하려고 한다. 의사가 그러더구나. 몇 달 뒤엔 앞을 못 보게 될 거라고."

아들은 놀라 털썩 의자에 주저앉았습니다.

"그렇게 놀랄 것 없다. 나는 이미 마음의 준비를 끝냈으니, 이후로도 연구를 계속할 수 있도록 안 보고도 쓰는 연습을 해야겠다. 어서 이리 와서 도와주렴."

아들은 눈물이 그렁그렁한 채 아버지를 존경스러운 눈빛으로 바라보았습니다.

"네, 그렇게 하겠습니다."

"자, 이 종이에 쓰인 내용을 불러라. 그럼 내가 받아 적을 테니."

아들은 아버지의 말대로 종이에 있는 내용을 소리 내어 천천히 불렀습니다. 오일러는 눈을 가리고 쓰는 연습을 했습니다. 하지만 눈을 가렸던 천을 풀고 보면 알아보기 힘든 글씨가 많았습니다.

"이런, 글씨가 겹쳐 있구나. 하지만 처음에 쓴 것보다 좋아졌구나."

오일러는 조금도 실망하지 않고, 날마다 쓰고 또 썼습니다.

## 더욱 빛을 발하는 천재성

몇 달이 지난 어느 날, 오일러는 마침내 캄캄한 암흑 속에서 살게 되었습니다.

"여보, 어둡소. 커튼을 걷어 주오."

아내는 놀란 눈으로 오일러를 바라보았습니다. 방 안은 눈부신 아침 햇살로 환하게 빛나고 있었습니다.

상트페테르부르크 아카데미는 오일러에 대한 소문으로 떠들썩했습니다.

"오일러가 왼쪽 눈마저 못 보게 됐다고 하더군."

"쯧쯧. 그럼 연구는 어렵겠네. 앞으로 어떻게 되는 거지?"

사람들은 오일러가 더는 수학 연구를 못할 것으로 생각했습니다. 그러나 오일러는 아카데미를 그만두려는 생각이 조금도 없었습니다.

오히려 오일러는 사람들에게 말했습니다.

"나는 수학 연구를 그만두지 않을 것입니다. 물론 예전과 달리 다른 사람들의 도움을 받아야겠지만, 앞으로 더욱 연구에 힘쓸 생각이니 지켜봐 주십시오."

절망에 빠져 있을 줄 알았는데, 오일러의 모습은 활기찼습니다. 도무지 앞을 못 보는 사람이라고 할 수 없었습니다.

오일러는 여러 제자들을 자기 방으로 불렀습니다. 제자들은 두려운 마음이 들었습니다.

"무슨 일일까? 혹시 아카데미를 떠난다는 말을 하시려는 걸까?"

"설마."

"그래도 이제 두 눈이 다 안 보이는데 그러실 수도 있을 것 같아."

제자들은 걱정스러운 마음으로 오일러를 만나러 갔습니다.

오일러는 조용히 의자에 앉아 있었습니다. 제자들은 안으로 들어가 오일러가 입을 열기만 기다렸습니다.

"오늘 이렇게 모이라고 한 것은 중요한 일이 있어서라네."

제자들은 침을 꿀꺽 삼켰습니다.

오일러는 부드러우면서도 힘 있는 목소리로 말했습니다.

"나는 앞으로 지금까지 연구한 모든 자료를 정리

하여 후세에 도움을 줄 책으로 만들 생각이네."
"그럼 연구를 그만두시는 건 아니죠?"
키가 작고 뚱뚱한 제자가 물었습니다.
"왜 그런 생각을 했나? 두 눈이 안 보인다고 해서 연구를 못 한다고는 생각지 않네. 그리고 난 이런 날이 올 것을 알고 미리 준비해 두었다네. 그러니 아무 문제 없을 거야."

오일러는 자신 있게 말했습니다. 그제야 제자들은 얼굴이 환해졌습니다.
"저희는 교수님께서 말씀만 하시면 지금 당장이라도 시작할 수 있습니다."
"좋았어, 그럴 줄 알았네. 내일부터 시작하세."
오일러는 제자들과 뜻을 모으고 힘을 합쳐, 그동안 연구했던 내용들을 책으로 펴내는 일을 시작했습니다. 워낙 양이 많아 몇 년이 걸릴지 알 수 없는 일이었습니다.

두 눈을 못 보게 되고 나서부터 오일러가 갖고 있는 천재성은 더욱 두드러졌습니다. 오일러는 어릴 적부터 유달리 기억력이 뛰어났습니다. 그런데 두 눈이 보이지 않으면서 뛰어난 기억력은 더욱 빛을 발했습니다.

"전에 말한 공식부터 다시 시작하지."

오일러의 말에 제자가 허둥댔습니다.

"그게 일주일쯤 전이었으니까 여기 어디에 있을 텐데……."

제자는 책상 위에 놓여 있는 종이를 이리저리 뒤적였습니다.

그러자 오일러가 말했습니다.

"공식은 내가 칠판에 적을 테니 기다리게."

오일러는 정확하게 공식을 기억하고 있었습니다. 게다가 미리 연습을 해 놓은 덕분에 안 보고도 글씨를 또박또박 적을 수 있었습니다.

"교수님, 아주 자연스럽게 칠판에 적으시네요."

"내가 미리 준비해 놓았다고 말하지 않았던가. 눈이 안 보이게 되는 날이 올 줄 알고 다 연습을 했었지."

제자들은 오일러와 함께 일하면서 깜짝 놀랄 일이 많이 생겼습니다.

하루는 수학 문제를 정리하다가 막히는 부분이 있었습니다.

"241의 \*네제곱은 얼마였더라?"

그러면서 제자는 연필을 꺼내 종이에 계산을 하기 시작했습니다. 그런데 몇 초 뒤에 오일러가 말했습니다.

"3,373,402,561이네."

제자는 좀 더 시간이 지난 다음에야 답을 냈습니다. 제자가 계산한 답은 오일러가 불러 준 답과 같았습니다.

---

\***네제곱** 같은 수를 네 번 곱함. 또는 네 번 곱해 나온 수.

"어떻게 아셨어요?"

"그거야 머릿속으로 계산을 했지. 내가 어떻게 알았겠나?"

오일러는 당연하다는 듯 말했습니다.

제자는 살며시 장난기가 생겼습니다.

"그럼 337의 \*다섯제곱은 얼마입니까?"

오일러는 잠시 생각에 잠긴 듯하더니 술술 답을 말했습니다.

"4,346,598,285,457일세."

제자는 서둘러 종이에 계산을 했습니다. 오일러가 말한 답은 정답이었습니다.

"이 정도는 기본일세. 오십 자리까지도 정확하게 계산해 낼 수 있네."

"정말 대단하십니다."

오일러는 사람이 숨을 쉬는 것처럼 힘들지 않게 계산을 척척 해냈습니다.

---

\***다섯제곱** 같은 수를 다섯 번 곱함. 또는 다섯 번 곱해 나온 수.

"자, 장난은 그만 하고 다시 연구를 시작하자고."

오일러가 머릿속의 풀이 과정을 소리 내어 불어 주면 제자들은 칠판이나 종이에 받아 적으며 함께 연구를 했습니다.

"잠깐만 쉬었다 하지."

조금 피곤을 느낀 오일러가 기지개를 켜며 말했습니다.

열린 창문으로 시원한 바람이 불었습니다. 바람이 솔솔 불어오니 오일러는 어린 시절에 외웠던 옛이야기가 떠올랐습니다. 오일러는 작은 소리로 중얼거렸습니다. 어머니에게 들려 드렸던 〈아이네이스〉 가운데 한 토막이었습니다.

"그것은 무엇입니까?"

언제 왔는지 제자가 물었습니다.

오일러는 웃음을 띠며 대답했습니다.

"어린 시절에 외웠던 〈아이네이스〉라는 시라네."

"네? 굉장히 긴 시로 알고 있는데 그걸 기억하신다고요?"

"앞이 보이지 않은 뒤로는 모든 것이 더 새록새록 기억이 잘 나는군. 고마운 일이지."

"교수님, 그럼 잠시 들려주실 수 있으세요?"

제자들이 조르자 오일러는 못 이기는 척 〈아이네이스〉를 들려주었습니다. 제자들은 점점 이야기 속으로 빠져 들었습니다.

"여기까지 하지."

"세상에, 그 시를 다 외우고 계시다니 정말 놀랍습니다."

오일러는 몇십 년 전에 외웠던 긴 시를 한 자도 틀리지 않고, 고스란히 외우고 있었습니다.

이렇듯 오일러의 뛰어난 기억력과 계산력은 앞을 못 보는 채로 연구를 하는 데 아주 큰 도움을 주었습니다. 연구에 필요한 중요한 공식들을 줄줄 외우고 있어서 조금도 불편하지 않았습니다.

"몇 달 동안 이렇게 많은 원고들을 쓰다니 뿌듯합니다."

제자들은 책상에 가득 놓여 있는 원고들을 정리하며 기뻐했습니다.

"다 자네들이 고생한 덕분이지."

오일러도 뿌듯한 마음이 들었습니다.

밤늦게까지 연구를 한 제자들은 오일러에게 인사를 하고 집으로 돌아갔습니다.

오일러도 오랜만에 편안한 마음으로 잠자리에 들었습니다.

# 거듭되는 시련

"불이야! 불이야!"

사람들이 마구 소리를 질렀습니다.

아직 해도 뜨지 않은 캄캄한 밤, 오일러 집에 불이 났습니다. 부엌에서 일어난 불길이 잠깐 사이에 위층까지 옮겨 붙었습니다.

"으앙, 엄마 무서워."

아이들이 시끄럽게 울었습니다.

"서둘러라. 집 밖으로 나가야 돼."

오일러네 식구들은 안전하게 대피하기 위해 서둘렀습니다.

침실에서 자고 있던 오일러는 불이라는 소리에 정신이 번쩍 들었습니다.

"앗, 원고!"

오일러는 서재로 가기 위해 더듬더듬 계단으로 갔습니다. 사방에서 타닥타닥 불 타는 소리가 들렸습니다.

"여보!"

아내는 오일러가 침실에 있다는 것을 뒤늦게 깨달았습니다.

"오, 이런 큰일 났네."

아내는 허둥대며 침실로 올라갔습니다. 그런데 침실은 텅 비어 있었습니다. 깜짝 놀란 아내는 다급하게 소리치며 복도로 나왔습니다.

"여보, 어디 있어요?"

아내는 불안에 휩싸였습니다.

"어머니, 위험해요. 어서 밖으로 나가 계세요. 제가 찾아볼게요."

"아버지를 꼭 찾아야 한다."

그때 하인이 집 안으로 뛰어들었습니다.

"제가 찾아보겠습니다."

활활 타오르는 불길 속에 위층 침실 쪽이 무너져 내렸습니다. 사람들이 소리를 질렀습니다.

"주인님, 어디 계세요? 주인님!"

하인은 큰 소리로 오일러를 불렀습니다. 그러자 계단에서 소리가 들렸습니다.

"여기야, 여기!"

하인은 부리나케 계단으로 달려가서 오일러를 부축하려 했습니다.

"아니, 나보다 먼저 서재에 있는 원고들을 밖으로 던지게."

"주인님, 먼저 몸을 피하세요. 그런 다음 제가 원고를 가지고 나갈게요."

"아니야. 원고들을 먼저 밖으로 내보내게."

오일러는 고집을 부렸습니다. 하인은 하는 수 없이 원고부터 창밖으로 던졌습니다.

"이것이 뭔가? 아버지는?"

밖에 있던 아들이 소리쳤습니다.

"주인님은 여기 계십니다. 먼저 이 원고들을 받으세요. 지금 밖으로 나갈 겁니다."

하인은 오일러를 들쳐 업고 뛰었습니다. 앞뒤에서 커다란 불덩이가 타닥타닥 떨어졌습니다.

"아버지!"

무사히 탈출한 오일러를 발견하고 가족들이 달려왔습니다. 다행히 오일러는 다친 곳이 없었습니다.

불이 났다는 소식을 듣고 제자들이 헐레벌떡 달려왔습니다.

"세상에, 하룻밤 사이에 이렇게 되다니?"

제자들은 시커먼 잿더미만 남은 집을 보고 할 말을 잃었습니다.

"하나도 남김없이 다 탔군."

"그동안 우리가 작업한 원고들도 다 탄 건가?"

제자들은 크게 실망했습니다. 그때 오일러가 말했습니다.

"원고는 저쪽에 있네. 가서 원고 상태를 보게나."

오일러가 가리킨 곳을 보니 찢어지고 구겨진 원고들이 한곳에 쌓여 있었습니다.

원고는 구했지만 집은 다 타 버려 오일러네 식구들은 하루아침에 오갈 곳 없는 신세가 되고 말았습니다.

"이 정도 시련은 견뎌 내야 하는 거야."

서둘러 집부터 구한 오일러는 금세 기운을 차리고 다시 연구를 시작했습니다.

어느 날 오일러는 눈앞이 희부옇게 보이는 듯했습니다.

"눈에 뭐가 보이는 것 같아."

꼼꼼하게 눈을 살피던 의사가 입을 열었습니다.

"어쩌면 왼쪽 눈은 볼 수도 있을 것 같습니다. 수술을 해야겠습니다."

"뭐라고요? 수술을 하면 왼쪽 눈이 다시 보인다는 말입니까?"

오일러는 희망이 생겼습니다.

"네. 수술 결과를 장담할 수는 없지만, 가능성이 있습니다. 빨리 수술 날짜를 잡도록 합시다."

오일러는 다시 볼 수 있다는 생각을 하자 가슴이 두근거렸습니다. 파란 하늘과 아름다운 네바 강이 보고 싶어졌습니다.

수술은 순조롭게 끝났습니다.

드디어 눈에 감은 붕대를 푸는 날이었습니다.

의사가 병실로 들어서자 오일러와 가족들은 잔뜩 긴장을 했습니다.

의사가 조심스럽게 붕대를 풀었습니다.

"오일러 씨, 천천히 눈을 떠 보세요."

오일러는 말 잘 듣는 아이처럼 천천히 눈을 떴습니다.

"뭐가 보입니까?"

눈을 깜박거리던 오일러가 밝게 웃었습니다.

"의사 선생님 얼굴이 아주 잘생겼습니다."

"아, 보이시군요."

오일러는 몇 년 만에 다시 보는 가족들 얼굴을 다정하게 쳐다보았습니다.

"다시 볼 수 있어서 정말 좋군."

오일러는 창문 밖으로 아름다운 상트페테르부르크의 모습을 보았습니다. 하늘을 날아가는 기분이었습니다. 그러나 안타깝게도 그런 날은 오래 가지 못했습니다.

서재에서 책을 뒤적이던 오일러가 갑자기 소리를 질렀습니다.

"악!"

깜짝 놀라 사람들이 달려갔습니다.

"왜 그러세요?"

"아, 눈이 빠질 듯이 아파. 눈이."

오일러는 몹시 괴로워했습니다.

갑작스러운 통증을 겪은 뒤, 오일러는 또다시 볼 수 없게 되었습니다. 늘 밝고 좋은 생각만 하던 오일러였지만, 이번 일은 큰 충격이었습니다.

"벌써 며칠째 침실 밖으로 나오시지 않으니, 걱정이군."

가족들은 마음이 아팠습니다. 다시 볼 수 있어서 기뻐했던 만큼 실망도 몹시 컸습니다.

그러나 오일러는 그대로 주저앉지 않았습니다. 얼마 동안이라도 파란 하늘과 사랑하는 사람들의 얼굴을 볼 수 있어서 다행이라고 생각했습니다.

"다시 연구를 시작해야겠다. 오랫동안 쉬었더니 몸도 가벼워진 것 같구나."

오일러는 애써 밝은 목소리로 말했습니다.

그리고는 아무 일도 없었다는 듯이 책과 논문을 쓰는 데 힘을 쏟았습니다.

## 연구를 멈추다

"출판사에서 사람이 왔습니다."
하인이 서재 문을 열며 말했습니다.
"들어오시라고 해."
출판사 편집장이 안으로 들어섰습니다.
"이번에 연구하신 논문을 받으러 왔습니다."
"아, 반갑네. 매번 내 논문을 책에 실어 주다니. 고맙네."
"무슨 말씀이세요. 저희는 오일러 교수님께서 쉬

지 않고 논문을 보내 주셔서 얼마나 감사하고 있는데요."

오일러가 쉬지 않고 논문을 발표하기 때문에 출판사에서는 책에 낼 글이 없을까 봐 걱정하는 일이 없었습니다. 오일러를 찾아가면 언제나 새로운 논문이 기다리고 있었습니다.

오일러가 앞을 못 본 지 벌써 십 년도 넘게 세월이 흘렀습니다. 오일러가 살아오면서 펴낸 책이 수백 권이 넘었습니다.

오일러는 먼저 세상을 떠난 아내가 문득 그리워졌습니다. 다행히 오일러 곁에는 많은 사람들이 있었습니다. 많은 학자와 제자들이 오일러를 찾아왔습니다. 그리고 총명한 손자 손녀들은 오일러를 기쁘게 해 주었습니다. 오일러네 집은 변함없이 화목했습니다.

오일러는 손자 손녀들에게 수학을 가르치고 수학

에 대해 함께 생각하기를 즐겼습니다.

다니엘과 우정은 여전했습니다. 다니엘은 오일러의 연구를 돕기도 하고 제자를 추천해 주기도 했습니다.

1783년이었습니다. 오일러는 별 다를 것 없이 평범하게 하루를 시작했습니다.

"할아버지, 수학 가르쳐 주세요."

손자 하나가 아침부터 오일러를 졸랐습니다.

"허허. 이 녀석."

오일러는 자상하게 웃었습니다. 오일러는 손자 손녀들이 알아듣기 쉽게 설명을 잘해 주었습니다. 손자 손녀들은 수학 공부를 즐겁게 하며 할아버지를 존경했습니다.

손자에게 수학을 가르친 오일러는 가족들과 함께 즐겁게 아침 식사를 했습니다. 가족들 중에는 손녀와 결혼한 제자도 있었습니다.

"이제는 제법 날씨가 쌀쌀하군."
"할아버지, 따뜻한 담요라도 가져다 드릴까요?"
손자가 물었습니다.
"그러면 고맙겠구나. 오늘 아침에는 제자와 하고 싶은 이야기도 있으니."

오일러는 식사를 마치고 나서 제자와 함께 이야기를 나누었습니다.

"이 년 전이던가? \*천왕성을 발견한 게."

"네, 그렇습니다. 이 년 전, 삼월 십삼일이었습니다."

"천왕성과 \*위성 두 개도 발견했지. 이보게, 천왕성이 태양 둘레를 한 바퀴 도는 공전 궤도를 계산할 수 있을까?"

오일러는 제자와 함께 최근 관심을 갖고 있는 천왕성 궤도 문제에 대해 한참 동안 이야기를 나누었습니다.

"좀 피곤하군. 애야, 따뜻한 차 한 잔만 가져다주겠니?"

오일러는 곁에 있던 손자에게 말했습니다. 손자는 얼른 가서 김이 모락모락 나는 따뜻한 차를 내왔습니다.

"음, 향이 좋구나."

오일러는 기분 좋게 차를 마셨습니다.

---

\***천왕성** 태양으로부터 일곱 번째 있는 행성.
\***위성** 달처럼 행성의 둘레를 도는 천체.

그런데 갑자기 오일러의 얼굴빛이 변했습니다. 온몸에서 힘이 쭉 빠져나갔습니다.

오일러는 자신의 삶이 얼마 남지 않았음을 알아챘습니다.

제자는 깜짝 놀라 오일러를 붙들었습니다. 정신이 희미해진 오일러는 겨우 입을 열어 한 마디 했습니다.

"이제 죽는구나."

오일러는 팔을 아래로 떨어뜨리며 그대로 정신을 잃었습니다.

"교수님."

"할아버지."

사람들은 오일러를 재빨리 침대로 옮겼습니다.

의사가 헐레벌떡 달려왔지만 오일러는 다시 깨어나지 못했습니다. 쓰러진 지 몇 시간 만에 위대한 수학자는 세상을 떠났습니다.

"깨어 있는 동안 잠시도 계산을 멈추지 않더니 이제야 멈추게 됐군."

오일러가 죽었다는 소식이 전해지자, 사람들은 몹시 슬퍼했습니다.

사람들은 오일러가 써 놓은 원고들과 논문들을 모두 펴내기로 했습니다. 사람들은 오일러의 업적에 새삼 놀랐습니다.

"1750년에서 1775년 동안 발표된 수학 논문 가운데 삼 분의 일은 오일러가 쓴 것일세. 거짓말 같은가? 믿기지 않으면 도서관 책꽂이에 가서 확인해 보게나. 책꽂이마다 가득한 오일러의 논문을 보게 될 테니 말이야."

오일러는 자신이 가장 행복한 시간을 보낸 상트 페테르부르크에 묻혔습니다. 오일러의 묘비에는 '죽어서야 세상의 계산을 멈춘 수학자'라는 글귀

가 새겨졌습니다. 비록 세상을 떠났지만, 오일러의 이름은 수많은 수학 공식에 남아 부지런한 삶과 업적을 나타냈습니다.

## 수학사에 남긴 오일러의 업적

오일러는 흔히 음악가 베토벤에 비유되곤 해요. 베토벤은 소리를 듣지 못하게 된 뒤에도 위대한 음악 작품을 남긴 것으로 유명하지요. 오일러는 앞을 보지 못하게 된 뒤에도 연구를 계속했어요.

오일러는 타고난 천재이면서 아주 성실했어요. 앞을 못 보게 된 것도 지나치게 연구를 했기 때문이에요. 연구를 하느라 사흘 밤낮을 꼬박 새우다 병이 생긴 거지요.

수학사에서 18세기는 오일러의 시대라고 해요. '오일러 정리, 오일러 함수, 오일러 계수, 오

오일러

| 1707년 | 1720년 | 1735년 | 1736년 |
|---|---|---|---|
| 스위스 바젤의 목사 집안에서 태어남. | 바젤 대학교에 들어감. | 분모가 제곱수인 무한합의 답을 증명함. | 쾨니히스베르크 다리 문제를 한붓그리기로 정리함. |

일러 상수'처럼 오일러의 이름이 들어간 수학 공식이 아주 많아요. 또 삼각형의 세 각을 A, B, C로 나타내고, 세 변을 a, b, c로 나타내는 것을 비롯해 어렵고 복잡한 개념들을 간단하게 나타냈지요. 이처럼 오일러는 삼각법, 미적분학, 정수론 분야에 큰 업적을 남기고, 그 밖의 다른 수학 분야에도 영향을 끼쳤어요.

오일러는 여러 현상을 수학적으로 풀이하기를 즐겨 했어요. 심지어 음악을 들으면서도 음 사이의 비율 등을 따지며 연구를 했지요. 지도 제작, 기계, 조선술, 항해술처럼 수학이 응용되는 분야

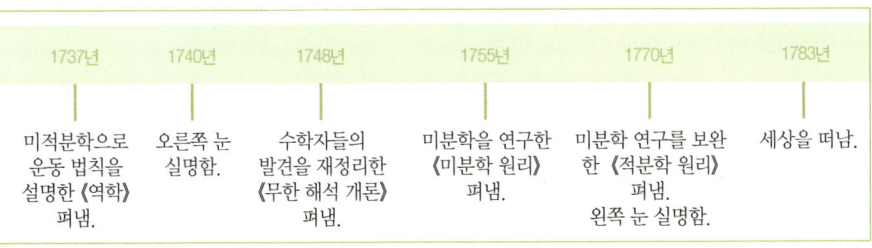

| 1737년 | 1740년 | 1748년 | 1755년 | 1770년 | 1783년 |
|---|---|---|---|---|---|
| 미적분학으로 운동 법칙을 설명한 《역학》 펴냄. | 오른쪽 눈 실명함. | 수학자들의 발견을 재정리한 《무한 해석 개론》 펴냄. | 미분학을 연구한 《미분학 원리》 펴냄. | 미분학 연구를 보완한 《적분학 원리》 펴냄. 왼쪽 눈 실명함. | 세상을 떠남. |

도 연구했지요. 응용수학으로 역학, 천문학, 물리학, 항해학 들을 발전시켰어요.

오일러는 다양한 분야에서 수많은 업적을 남겼어요. 이를테면 소리와 소리의 속도 문제, 악기의 음에 관하여, 금성의 궤도, 운하의 수로 문제, 아카데미의 도서관, 출판, 정부의 연금법과 복권의 문제 등 이루 다 말하기도 힘들 정도예요. 스무 살 무렵에 프랑스 아카데미 상에서 이등을 했는데, 그 뒤로 열두 번이나 상을 타지요.

또한 오일러 하면 '쾨니히스베르크 다리'를 빼놓을 수 없어요. '다리 일곱 개를 한 번씩 건너면서 모두 건널 수 있을까?'라는 문제를 해결

해야 했지요. 오일러는 다리를 '선'으로, 육지를 '점'으로 놓고 네트워크를 그려 문제를 풀어 '건널 수 없다.'는 답을 내놓았어요. 오일러의 한붓 그리기 정리는 그래프 이론으로 발전했어요.

  타고난 천재이며 성실하고, 겸손하고, 끊임없이 연구를 했던 오일러! 예순 살 무렵에 오일러는 왼쪽 눈마저 못 보게 되지만, 오일러에게 앞을 못 보는 것은 큰 걸림돌이 아니었어요.

  기억력과 계산력이 뛰어나 머릿속에는 이미 수많은 공식이 있었고, 학문을 향한 열정은 절대 지칠 줄 몰랐어요. 오일러가 펴낸 책의 절반은 앞을 보지 못한 때에 쓰였지요.

오일러 기념 우표

오일러는 많은 책을 낸 수학자로도 유명한데 살아 있는 동안 오백여 권이 넘는 책과 논문을 썼어요. 세상을 떠난 뒤에도 다른 수학자들이 연구 결과를 묶어 책을 펴냈는데, 이런 작업은 몇 십 년이나 걸렸어요. 오일러는 계산을 멈추었지만, 연구 활동은 계속 이어졌다고 할 수 있지요. 오일러에 대해 다룬 전집은 일흔 권이 넘어요.

오일러는 베를린 아카데미에 있는 동안에도 상트페테르부르크의 잡지에 논문을 냈어요. 상트페테르부르크에서 얻게 되는 돈은 과학 기구나 책을 사서 다시 상트페테르부르크에 되돌려 주었어요.

　오일러는 다시 상트페테르부르크로 돌아오고 그곳에서 삶을 마쳤어요. 러시아 사람들은 오일러를 존경하고 극진히 대접했어요. 오일러의 후손들까지도 여러 혜택을 받았다고 해요.

　여느 수학자들이 조용히 외로운 삶을 사는 반면, 오일러는 전혀 딴판이었어요. 아이들과 함께 놀아 주는 자상한 아버지였고, 손자 손녀들과 이야기를 많이 나누는 마음이 따뜻한 할아버지였지요.

오일러 얼굴이 들어간 지폐

# 오일러 더 살펴보기

##  다면체의 꼭지점, 면, 모서리

다면체는 평면으로 둘러싸인 입체 도형을 통틀어 일컫는 말이에요. 다면체는 평면의 개수에 따라 이름을 붙여요. 상자 모양처럼 평면의 개수가 6개이면 육면체이지요.

오일러는 다면체의 꼭지점, 면, 모서리 사이의 관계를 밝혀냈어요. 다면체의 꼭지점, 면, 모서리 사이에는 어떤 비밀이 숨어 있을까요?

육면체인 상자 모양을 떠올려 보아요. 상자는 꼭지점이 8개예요. 면은 물론 6개이지요. 모서리는 12개예요.

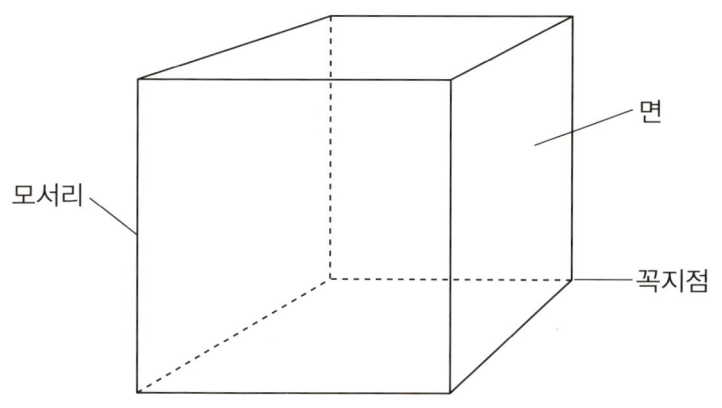

우선 꼭지점과 면 수를 더해요. 그다음에 모서리 수를 빼지요. 꼭지점 수 8, 면 수 6을 더하면 14예요. 이 값에서 모서리 수 12를 빼지요. 답은 2예요. 너무 쉬운 계산이라고요? 맞아요. 그런데 중요한 것은 다른 다면체들도 이렇게 계산하면 답이 모두 2라는 거예요.

**꼭지점 수 + 면 수 - 모서리 수 = 2**

| 도형 | 정사면체 | 정육면체 | 정팔면체 | 정십이면체 | 정이십면체 |
|---|---|---|---|---|---|
| 꼭지점 수 | 4 | 8 | 6 | 20 | 12 |
| 면 수 | 4 | 6 | 8 | 12 | 20 |
| 모서리 수 | 6 | 12 | 12 | 30 | 30 |

　세 숫자의 관계는 공식으로 나타낼 수 있어요. 공식을 만들려면 기호가 필요해요. 꼭지점을 뜻하는 영어 단어는 'vertex'예요. 면을 뜻하는 영어 단어는 'face'이고, 모서리를 뜻하는 영어 단어는 'edge'예요. 각 단어의 첫 글자를 따서 꼭지점을 v, 면을 f, 모서리를 e로 표시해요.

모서리 수에 2를 합한 값은 꼭지점 수와 면 수를 합한 값과 같아요.

$v+f=e+2$

이 공식은 '모서리+2' 공식이예요. 이 식은 다르게 정리하면 다음과 같아요.

$v-e+f=2$

이 공식을 '오일러 공식'이라고 하지요.

수학 영재들이 꼭 읽어야 할 천재 수학자 6
수학의 힘으로 세상을 만나라 오일러

| 펴낸날 | 초판 1쇄 2008년 6월 20일 |
| --- | --- |
| | 초판 6쇄 2018년 11월 19일 |

| 지은이 | 전다연 |
| --- | --- |
| 그린이 | 박문희 |
| 감 수 | 계영희 |
| 펴낸이 | 심만수 |
| 펴낸곳 | (주)살림출판사 |
| 출판등록 | 1989년 11월 1일 제9-210호 |

| 주소 | 경기도 파주시 광인사길 30 |
| --- | --- |
| 전화 | 031-955-1350   팩스 031-624-1356 |
| 홈페이지 | http://www.sallimbooks.com |
| 이메일 | book@sallimbooks.com |

| ISBN | 978-89-522-0844-6 | 77410 |
| --- | --- | --- |
| | 978-89-522-0828-6 | 77410 (세트) |

살림어린이는 (주)살림출판사의 어린이 브랜드입니다.

※ 값은 뒤표지에 있습니다.
※ 잘못 만들어진 책은 구입하신 서점에서 바꾸어 드립니다.

| 사용연령 | 8세 이상 | 제조국 | 대한민국 |
| --- | --- | --- | --- |
| 제조년월 | 2018년 11월 19일 | 제조자명 | (주)살림출판사 |
| 연락처 | 031-955-1350 | | |
| 주소 | 경기도 파주시 광인사길 30 | | |
| 주의사항 | 책을 던지거나 떨어뜨리면 모서리에 다칠 우려가 있으니 주의하세요. | | |

KC마크는 이 제품이 공통안전기준에 적합하였음을 의미합니다.